MW01093843

Ciento volando *de catorce*

Joaquín Sabina

La Pereza Ediciones

Título:
Ciento volando *de catorce*

© Joaquín Sabina
© Visor Libros, S.L

De esta edición: 2020, La Pereza Ediciones, USA
www.lapereza.net

ISBN: 9781623751555

Diseño de los forros de la colección:
Estudio Sagahón / Leonel Sagahón y Carmina Salas
Diseño de portada: Leonel Sagahón
www.sagahon.com

JOAQUÍN SABINA

Ciento volando *de catorce*

EL MUNDO DE JOAQUÍN SABINA

Los poetas y los cantantes son poco partidarios de las realidades previsibles, quizás porque nada es menos previsible que la realidad. La moral del *pájaro en mano*, de *al pan, pan, y al vino, vino*, puede ser un buen medio para hacer negocios a costa de los demás, incluso un método para ahorrar en la factura de las decepciones y los fracasos, pero nunca un modo de conocer la realidad, siempre llena de matices, de arenas movedizas, de sentimientos inevitables y contradictorios, de imaginaciones y miradas inquisitivas. La obviedad es el disfraz de la mentira, la negación de las preguntas deseables. Tampoco se trata de acomodarse en la retórica de los sentimientos absurdos, tan facilona y previsible como las certezas utilitarias de los ahorradores espirituales.

Los sueños líricos no deben apartarnos de la vida, sino enseñárnosla por dentro, o sea, recordarnos que, por mucho pájaro que se tenga en la mano, hay *ciento volando* en el aire de la realidad, nuestro aire, la dimensión flexible de las calles, con sus soles nocturnos y sus lunas color de saxofón o de mediodía.

Como los poetas y los cantantes son poco partidarios de las realidades previsibles, juegan a desordenar los papeles de la representación. El poeta Gabriel Celaya, junto con Amparo Gastón, publicó un libro titulado *Ciento volando* (1953), con el deseo de buscar canciones en los vientos de su musa. El cantante Joaquín Sabina publica ahora otro *Ciento volando*, con la intención de buscar sonetos, la forma reina en las tradiciones de la poesía escrita. Aunque llegados a este punto, conviene aclarar las cosas, porque estos caminos paradójicos sirven para destacar las relaciones decisivas que siempre hubo entre la canción y la poesía, pero no valen para encauzar este prólogo. Joaquín Sabina es cantante y poeta. Por ajustar más: no un cantante metido a poeta, sino un poeta metido a cantante.

Al estudiar algunas revistas literarias de los años sesenta, en su libro *Literatura en Granada. (1898-1998)*, el profesor Andrés Soria Olmedo se encontró en *Tragaluz* con los versos de Joaquín Martínez Sabina, joven letraherido y «aún ignorante de que llegaría a ser un cantautor famoso». El poeta soñaba un futuro más libre con el optimismo vigoroso de las revueltas universitarias:

cuando no sea el dolor
sino la dicha
de mirarse dos rostros
dulcemente
y no haya cordilleras de cemento
sino la paz menuda de la higuera,
cuando no tengamos que inventar esquinas

donde los besos crezcan,
cuando no pague impuestos ningún sueño
ni haya séptimos pisos para amarse...
entonces,
cuando el amor tan sólo,
será todo más fácil.

Al lado de su guitarra, Joaquín Sabina atesoraba voluntad y lecturas de poeta en la Granada universitaria y antifranquista de los años sesenta, y con ellas se fue al exilio londinense para huir de la policía española y encontrarse con la música de Bob Dylan y de los Rolling Stones. Sus saberes literarios, sus lecturas de Quevedo o de César Vallejo, le facilitaron los recursos imprescindibles para escribir algunas de las mejores canciones de la segunda mitad del siglo XX, pero también le hicieron comprender las diferencias que hay entre un poema y una canción. En su libro *Joaquín Sabina. Perdonen la tristeza*, Javier Menéndez Flores recuerda la época londinense del cantante, un tiempo de supervivencia callejera, activismo político y formación artística. Al publicar el poemario *Memoria del exilio* (1976), en el que recoge buena parte de las canciones que formarán *Inventario*, su primer disco, Joaquín Sabina escribe un prólogo para dejar claras las intenciones: «No me engaño sobre estos textos, fueron escritos para ser cantados. Me temo que leídos resulten desabridos como puchero de pobre; echan de menos la voz y la guitarra. El exilio y la impotencia son culpables de que se editen en forma de libro... Creo en la canción como género impuro, de taberna, de suburbio; por eso amo el blues, los tangos, el flamenco. Mis canciones quieren ser crónicas cotidianas del exilio, del amor, de la angustia, de tanta sordidez acumulada que nos han hecho pasar por historia...».

Esta conciencia de los tonos diferentes exigidos por el poema y la canción no supone un orden jerárquico, un privilegio valorativo a favor de alguno de los dos mundos. No nos engañemos, porque Joaquín respeta demasiado a la poesía, y no está dispuesto a jugar la partida hipócrita del cantante de éxito que cambiaría sus discos, su público y su fama por un plato de musas solitarias y purísimas. Aunque sea costumbre desear lo que no se tiene, quien haya asistido a un concierto de Sabina en la Plaza de Las Ventas puede comprender sin dificultad que el cantante no está en condiciones de despreciar su trabajo. Hay pocos espectáculos tan emocionantes como la complicidad vital que se da entre este peregrino de la noche que ajusta cuentas con el mundo, rebelde hasta el pliegue final de su conciencia, y una multitud decidida a corear sus carreras ante los toros del tiempo, la muerte, las renuncias y los diversos disfraces de la policía. Una canción capaz de emocionar y de definir sentimentalmente la historia de tres generaciones es algo que debe tomarse muy en serio. El arte no consiste en tener buenas ideas, sino en llevarlas a cabo de un modo convincente, y Joaquín Sabina se ha salido muchas veces con la suya, por la capacidad que tiene de convencer con sus historias, sus imágenes y sus palabras.

Sobre la fama, la soledad, las palabras, la literatura y la música, hablé mucho con Joaquín cuando publiqué su libro *De lo cantado y sus márgenes* (1986), una selección de poemas y canciones, en la colección Maillot amarillo. Junto a Rafael Alberti, Javier Egea y Benjamín Prado, poetas que habían publicado también en la colección, hicimos algunas presentaciones literarias, inolvidables para mí, porque dieron pie a noches de verdadera exaltación y amistad. Las alegrías inolvidables son las que suben el volumen de la realidad y hacen más intenso el presente, mientras nos empujan hacia el destino con una melancolía optimista. El sentido del humor es un relámpago vital que ilumina la palabra *hoy*, pero tiene siempre sus raíces en el pasado, en la relación íntima que cada uno establece con su propia historia.

Tengo la impresión de que ahora me tomo tan en serio aquellas risas de los años ochenta, porque entonces supimos bromear sobre lo que nos esperaba después a cada uno, intentando responder de nuestros pasos en la tierra con una clara conciencia de nosotros mismos. Maestro y amigo, Rafael Alberti era un deslumbramiento que había descendido de los libros y de la mitología española para sentarse con nosotros a cenar, pedir una copa, discutir de poesía y hacer presentaciones poéticas.

Como la fama de Joaquín era ya irresistible, entre bromas y veras, con un cariño que no impedía cierta rivalidad ante el público, Rafael murmuraba mientras nos dirigíamos al recital: «ahora vendrá Sabina con la guitarra y se llevará todos los autógrafos y todos los aplausos».

Saber perfectamente qué significa una figura literaria como la de Rafael Alberti, no le ha impedido a Joaquín definirse en su orgullo de cantante, seguro de sí mismo, de su repercusión pública y del ámbito que ocupan sus palabras.

No siente ninguna nostalgia de la luz que flotaba sobre su destino en los años de estudiante universitario: la vida tal vez apacible, y tal vez intensa, de un profesor de literatura, autor de libros de poesía, publicados en ediciones de dos mil ejemplares. No, Joaquín Sabina no juega a discutir la musa de sus discos, sus conciertos y sus multitudes. La comprensión clara de las diferencias que hay entre un poema y una canción no le ha llevado a establecer rivalidades artísticas entre géneros, sino a conocer bien las exigencias íntimas de cada actividad, sus recursos y sus tentaciones. Le gusta leer buena poesía y oír buenas canciones; y sabe cómo se elabora un buen poema o cómo se escribe una buena canción.

La hermandad no implica confusión de caracteres.

El lector de *Ciento volando* encontrará el mundo del cantante Joaquín Sabina, pero convertido ahora en soneto.

Durante años ha condensado sus soledades, sus indignaciones y sus alegrías en el domicilio particular de los catorce versos. Joaquín vive en el soneto con ojos de farero, vigilando la vida cotidiana desde la altura de sus noches, en una tarea que se desdobla entre las luces públicas y las sombras privadas, o entre las luces privadas y las sombras públicas, mitad aviso para navegantes, mitad diálogo con las melancolías del corazón. Y cuando Joaquín Sabina utiliza la palabra *corazón,* no sólo se refiere a la historia de sus sentimientos, sino a una lealtad vital, con implicaciones generales, que no debe pasar de moda, aunque los otoños doren la piel y ya no resulte necesario viajar al Norte en trenes sucios.

El mundo de Joaquín es real y matizado porque surge de la melancolía para desembocar en los impulsos irónicos. El vitalismo de sus consignas procura darle la vuelta a los relojes y a las palabras. Cuando camina, lo mismo que cuando baila, no hace otra cosa que soñar con los pies, perseguir en los horizontes de la lentitud un argumento seductor para defender la prisa. Y Joaquín resulta convincente porque su mundo personal es fruto de una experiencia colectiva, recuerdo de unos años en los que había que correr para escaparse de la mediocridad, la sopa triste, la moral de las mesas de camilla y los argumentos asumidos a golpe secreto de renuncias personales:

> Mi infancia era un cuartel, una campana
> y el babi de los padres salesianos
> y el rosario ocho lunes por semana
> y los sábados otra de romanos.

Ese mundo sórdido, al que no se querría volver nunca, está dentro de nosotros, nos ha hecho, forma parte de nuestra alma, pertenece a nuestras risas y nuestras lágrimas. Como estamos fabricados de tiempo, la melancolía brota en el jardín de los asuntos difíciles, sobre todo si se han vivido los años triunfales de una época de derrotas. Se trata de luchar contra los paisajes enfermos del pasado, pero sin desconocer la espesura sentimental de su vegetación. La inmovilidad y el olvido son dos caras de la misma estafa. Hay que viajar por los recuerdos con lealtad íntima y lucidez pública, convirtiendo el autorretrato en un ejercicio de lejanía y comprensión, es decir, de quietud interesada en desembocar en un impulso. Las exaltaciones vitales de Joaquín no son castillos en el aire, sino la respuesta meditada a una experiencia colectiva. La melancolía inteligente procura escapar al mismo tiempo de las ingenuidades y de las traiciones, del dogmatismo paralizador y de las renuncias, porque lo que está en juego es esa habitación de hotel, con la cama deshecha y los grifos abiertos, que llamamos presente. Conviene mezclar risas y lágrimas, lucidez y sentimiento, para ajustar cuentas con los propios sueños sin darle ventajas al enemigo. Así lo afirman estos versos de una de sus canciones:

Nada de margaritas a los cuerdos.
Hay que correr más que la policía,
para bailar el vals de los recuerdos,
llorando de alegría, llorando de alegría.

Una apuesta que define también el sentido del tiempo y la vitalidad de estos sonetos:

Doble o nada a la carta más urgente
sin código, ni tribu, ni proyecto,
mi futuro es pretérito imperfecto,
mi pasado nostalgia del presente.

No tengo más verdad que la que arrasa
corrigiendo las lindes de mis venas.
Por diseñar castillos sin almenas
perdí, otra vez, las llaves de mi casa.

Como el lector podrá comprobar, la mitología levantada por esta aceleración tampoco se salva del examen de conciencia. La visión crítica de los mundos adocenados y las costumbres muertas es oportunamente acompañada por un espejo desacralizador. El héroe de la aventura se ve obligado a reconocer sus cicatrices. Sin admitir los abismos que hay en las verdades propias, nadie es verosímil al pintar las mentiras ajenas. Personaje infinitamente desdoblado, Joaquín Sabina se vigila a sí mismo por encima del hombro cuando escribe, cuando canta y cuando abre o cierra la puerta de su cuarto:

> Soy uno prescindible, otro insensato,
> seis cara, cinco cruz, trece dependen,
> nueve que no se venden tan barato,
>
> siete que ignoran más de lo que aprenden,
> ocho que cuando atacan se defienden
> y dos que escriben por pasar el rato.

Pegados a la existencia en el amor y en las iras, en los valores abstractos y en los detalles cortesanos, en los homenajes de amistad y en las polémicas hirientes, los versos de Joaquín Sabina, siguiendo la lección de los sonetistas del siglo XVII, cruzan por las calles de Madrid, entran en las alcobas, saltan por las ventanas de los palacios, se manchan con el barro de las plazas, cuelgan sambenitos, prestan atención a los rumores de los papeles volanderos, olfatean las noticias del viento, regalan cielos e infiernos y, entre soledades y abrazos, retando a duelo o acariciando hermosas cabelleras, componen una crónica de la realidad a través de los quevedos del poeta. Las consignas vitales de sus ojos, enredadas en los embelecos de la noche y en los corros de las esquinas, se hacen

estilo, anáfora, rima interna, aliteración, enume-
ración, paradoja, manipulación de las frases he-
chas y arte de las correspondencias sentimentales
en los quiebros imprevistos. La pintura que Joa-
quín Sabina está haciendo de nuestra época es
una melodía de doble filo, porque ilumina la so-
ledad que hay en una sonrisa, el hogar que se es-
conde en una habitación de hotel, los pecados que
arden en la firmeza de los puritanos, las mil ciu-
dades que viven en cada ciudad, los mil y un
abrazos que caben en un solo abrazo, el humo de
las pasiones apagadas, las tabernas del mar, la es-
puma de las noches.

A Joaquín Sabina habrá que fusilarlo con balas
de juguete. Él sabe por qué lo digo.

Mientras reúno un pelotón de cómplices a los
que no les tiemble el pulso, tarea cada vez más
difícil, yo me limito a despedirme de él y del ama-
ble lector de este prólogo con un disparo en forma
de soneto. Los versos apuntan al corazón; están
hechos con la pólvora republicana de mi admira-
ción y mi amistad:

Mon frère

Vive quinientas noches en un día,
se disfraza de rayo y de pregunta,
enciende al elegir con quién se junta
la sombra de una mala compañía.

No admite su mester de juglaría
más balazo que el sol cuando despunta.
Siempre pone un soneto donde apunta
con el rifle de la melancolía.

Por sus canciones cruzan las ciudades,
las historias de amor, las soledades,
los malditos de buenos sentimientos.

Baudelaire con guitarra madrileña,
Joaquín Sabina escribe lo que sueña
en la rosa canalla de los vientos.

LUIS GARCÍA MONTERO

Para la Jime

De ninguna manera hubiera sido capaz de acabar el más obvio de estos endecasílabos y, mucho menos, de corregirlos y agruparlos, sin la generosa ayuda de: María Ignacia Magariños, Jimena Coronado, María Elena Elizalde, Lena Demartini, Pepa la grande.

Reprocháronme errores, corrigiéronme rimas, mejoráronme versos: Álvaro Salvador, Benjamín Prado, Javier Krahe, Alfons Cervera.

El maestro Luis García Montero robó tiempo de su cristalina musa para quitar las manchas de la mía, ocupándose también de la edición. De rodillas me tiene.

Gracias a todos y no se venguen tantos olvidados.

Joaquín Sabina
Tirso de Molina, 23 de julio de 2001

INTROITO

I

COITUS INTERRUPTO (Sic.)

Ojalá quien visite este folleto
sea lego en Chaquespiare y en sor Juana,
no compite mi boina de paleto
con el chambergo de Villamediana.

Sacando chispas donde falta lumbre,
si un verso crispa su reverso ampara,
mientras dispara contra la costumbre
de ponerle al buen tiempo mala cara.

Muchos quieren brindar con los amigos,
varios desactivar un exabrupto,
dos o tres avivar el avispero.

Todos, obviando premios y castigos,
duran menos que el *coitus interrupto*
de tantas despedidas de soltero.

SEÑALES DE VIDA

II

SOTANAS Y COTURNOS

Para Joaquinito Curbelo, con caballitos de cartón

Mi infancia era un cuartel, una campana
y el babi de los padres salesianos
y el rosario ocho lunes por semana
y los sábados otra de romanos.

Marcado por sotanas y coturnos,
con sangre, para que la letra entrara,
párvulo fui, de ardores taciturnos,
con tutores de mármol de Carrara.

Y el picón del brasero por las tardes,
y el acné y el catón y las primeras
hogueras a la vera de la nieve.

Y los adultos fieros y cobardes
y los tricornios por las carreteras
y escapar al cumplir los diecinueve.

III

EN EL ESPEJO

No me busques detrás de la camisa,
el orín del azogue borda un fleco
circunflejo en mis cejas, gesto hueco
de mal actor que ensaya una sonrisa.

No encuentro a Dorian Gray, ni a Mona Lisa,
ni a Peter Pan, en la caricatura
que exhibe ante el jurado la impostura
de un look atropellado por la prisa.

Más lejos cada vez de los de afuera,
boquerón de secano en la frontera
que separa lo urgente de lo añejo,

a Sísifo ganarle la carrera
sigo intentando, mientras un cangrejo,
con una roca, en el espejo espera.

IV

MANGA POR HOMBRO

Para Gordillo junior y su entorno

Sancionar la inocencia del culpable,
desaprender el código aprendido,
quitarle la razón al razonable,
dormir con la mujer de su marido.

Almacenar sustancias inflamables,
cultivar el silencio y el ruido,
pintar de azul los días laborables,
exhumar las memorias del olvido.

Hacerle carantoñas a la suerte,
subir de tres en tres las escaleras,
repoblar con sirenas los pantanos.

Matar al cristo de la mala muerte,
bailar alrededor de las hogueras,
manga por hombro, como los gitanos.

V

¡QUÉ BUENO ERA!

Que no falte un buen pisco en mi velorio
ni un *jalisco* chingón de despedida,
respirar es un lujo transitorio,
hay vida más allá pero no es vida.

Evitadle al fiambre, ¡qué bueno era!,
el *rip* de la portera y el pariente,
el gori - gori de la plañidera
que no tenga mi cuerpo tan presente.

Quise viajar a todas las ciudades,
divorciarme de todas las casadas,
robarle al mar su agónico perfume.

Y apuré, vanidad de vanidades,
después de demasiadas madrugadas,
el puré de cicuta que resume.

VI

DOBLE O NADA

Doble o nada a la carta más urgente
sin código, ni tribu, ni proyecto,
mi futuro es pretérito imperfecto,
mi pasado nostalgia del presente.

No tengo más verdad que la que arrasa
corrigiendo las lindes de mis venas.
Por diseñar castillos sin almenas
perdí, otra vez, las llaves de mi casa.

Veranos de buen vino y mala sombra,
de confundir enanos con molinos,
de viajar al abismo con alfombra.

Es hora de volver a la autopista
por donde van, burlando sus destinos,
el zángano, el adúltero, el ciclista.

VII

SIRVA DE PRECEDENTE

Por una vez hice lo que tenía
que hacer sin contrabando de etiquetas,
por una vez viajé donde debía
viajar sin doble fondo en las maletas.

Por una vez crecí como la gente
desde el genoma hasta mi yo más mío,
por una vez, sirva de precedente,
no hice bromas al borde del hastío.

Por una vez, al fin de la jornada,
me atreví a tutear a la almohada
con solvencia de experto cirujano,

por una vez no se me vio el plumero
y ejercí de oficial y caballero,
como quien doma un corazón villano.

VIII

CON TAN POQUITA FE

Los dioses callan, la canalla insiste,
el ying y el yang bordan el paripé;
el tiempo es un rufián, la carne triste,
gran señor el plebeyo Mallarmé.

Ronca en mi cama la mujer que amo
y que me ama, qué sé yo por qué,
nada le debo, nada le reclamo,
¿a quién rezar con tan poquita fe?

Y, sin embargo, aquí de madrugada,
con mi escocés, mi porno y mi pajita,
no me amargo con tintos de verano.

La mortaja de mi última posada
si la encargo será cuando Afrodita
requise la baraja de mi mano.

IX

DE PIE SIGO

Para Ale

Ni abomino del mundo por sistema
ni invierto en los entuertos que desfago.
El aire que respiro es un problema
que no tienen los muertos. Cara pago

la prórroga roñosa de la vida
con su ya, su enfisema, su albedrío,
sus postres con tufillo a despedida,
sus álamos, su prótesis, su río.

De pie sigo, lo digo sin orgullo
pero con garapullos de cobarde
que todo espera porque nada es suyo:

el sabotaje de las utopías,
la amnistía que llega mal y tarde,
el chantaje de las radiografías.

X

EL GRAN HERMANO

¿A quién embaucará tu gorgorito
y esa *pos* de gallito de taberna?
¿La voz? si no te queda ni un hilito,
y no me hagas hablar de la entrepierna.

Hazte un favor, dime que estás herniado
de parodiar parodias de ti mismo,
que un pendejo te quita lo bailado,
que el espejo, en lugar de un espejismo,

te devuelve una tos, un higo chumbo,
un muñón con goteras en la olla,
un veterano narizón sin rumbo,

un *sans culotte* con joyas, un gusano,
uno más de los tontos de la polla
que no follan por ver *El gran hermano.*

XI

CON PEPITAS DE ORO

Vencido sin honor en más combates
que Aureliano, el menor de los Buendía,
harto de biselarle escaparates
a los charlines de la hipocresía,

hastiado del servil dime y direte
de los que matan por calmar el flato,
tiré, por el desagüe del retrete,
los títulos, la pompa y el boato

y, tarde, *à la recherche du temps* perdido,
partí, otra vez, en dirección contraria
de los que están de vuelta y nunca han ido.

No me vais a creer, pero el tesoro
enterrado en en la isla barataria
era silencio con pepitas de oro.

XII

DUELOS Y QUEBRANTOS

Aparta tu nariz de mis asuntos,
saca mi pagaré de tu alcancía,
estoy más solo cuando estamos juntos
que con tu *puto com* por compañía.

No me invites a duelos y quebrantos,
déjame en paz con mis funambulismos,
discuto más conmigo que con tantos
que nunca se redimen a sí mismos.

Métete por el rabo tus consejos,
todavía no escupen los espejos
ni dejo la canción para mañana.

Con mi lumbago pago mi pereza,
tus pufos, los nirvanas de su alteza,
mi Quevedo, tu gaita, mi fulana.

XIII

BAJO LOS PUENTES

Para Luisito y Almudena

Se trata de vivir por accidente,
se trata de exiliarse en las batuecas,
se trata de nacerse de repente,
se trata de vendarse las muñecas.

Se trata de llorar en los desfiles,
se trata de agitar el esqueleto,
se trata de mearse en los fusiles,
se trata de ciscarse en lo concreto.

Se trata de indultar al asesino,
se trata de insultar a los parientes,
se trata de llamarle pan al vino.

Se trata de engañar a los creyentes.
se trata de colarse en el casino,
se trata de dormir bajo los puentes.

XIV

SIN PUNTOS NI COMAS

Para el clan de los Pelayo

No somos siempre nosotros el bueno,
no tienen otros la culpa de todo,
la redención mata más que el veneno,
perfil de plata, borceguí de lodo.

Neuras y gritos y coches y aromas,
calles y cuerpos y noches y azares,
sigue corriendo, sin puntos ni comas,
sube al infierno, baja a los altares.

Perdí mi sueldo de bombero un día,
que, por jugar a echar troncos al fuego,
quemé los muros de la patria mía.

¿Cómo iba yo a saber que la hidalguía
era el pijama a rayas del talego
y la ambición un perro policía?

XV

LA GUERRA DE LOS MUNDOS

Confinado en la UVI del agobio
por culpa de una bilis maniquea,
condenado a bailar con la más fea
que no es mi Dulcinea y tiene novio.

Furtivo de la orilla de la lumbre,
del polvo enamorado de Quevedo,
provocando, por falta de costumbre,
las cornadas del hambre y las del miedo.

Vagabundo sonámbulo en la rama,
maletilla sin sitio en el albero,
desahuciado del lado de tu cama.

Pegado al transistor, no sea que radie
la guerra de los mundos y el cartero
llame dos veces y no le abra nadie.

XVI

LA FE DEL CARBONERO

¿Quién programa la fe del carbonero,
quién le quita los puntos a las íes,
quién descarta las cartas del cartero,
quién me llora las gracias cuando ríes,

quién privatiza el pan y la hermosura,
quién patenta portales de Belén,
quién empuña puñales con tonsura,
quién me tortura, quién me quiere bien,

quién duerme con cilicio y gabardina,
quién riega el farolito de la esquina,
quién me ha trucado el dado del parchís,

quién le paga intereses al moroso,
quién cobra sin cazar la piel del oso,
quién guisa con aceite de *hashish*?

XVII

¿AUTÉNTICO DECÍS?

Para Nito y Mayang

¿Auténtico decís? ¿la parte? ¿el todo?
¿el pródigo, el sonámbulo, el bocazas?
¿el doble de su doble? ¿el que me apodo?
¿caldo queréis? aquí tenéis cien tazas.

No miro lo que veis, os lo juro,
aunque pise adoquines parecidos,
los comodines en un cuarto oscuro
se ocultan al final de los envidos.

Soy uno prescindible, otro insensato,
seis cara, cinco cruz, trece dependen,
nueve que no se venden tan barato,

siete que ignoran más de lo que aprenden,
ocho que cuando atacan se defienden
y dos que escriben por pasar el rato.

XVIII

OTRA VEZ EN MADRID

Otra vez en Madrid, de matinada,
desenchufado, lúgubre, beodo,
dueño de mí, quiero decir con nada,
fuera de ti, quiero decir sin todo.

Otra vez con el tic estrafalario
de embridar taquicardias cimarronas,
otra vez sobornando al calendario,
otra vez blanqueando las neuronas.

Otra vez las abyectas navidades,
con su almidón, su nuera, su chupete,
su turrón de Xixona y su maceta,

y Mama Inés contando necedades
y las noches de paz, apaga y vete,
y el billete de ida a otro planeta.

XIX

ME CHUPO EL DEDO

No amortaja la tinta el alfabeto
sino la caja encinta de pandora,
abona mi locura un chip inquieto,
me apoltrona la usura de la aurora.

Duermo al toque de centinela alerta,
nado sin agua, como entre bebidas,
cambio la cerradura de la puerta
del sol de las desiertas avenidas.

Me destroza el charol de los zapatos,
saco la lengua en los autorretratos
que esboza a mis espaldas el otoño.

Se me saltan las lágrimas de risa,
ruedo despacio porque tengo prisa,
me chupo el dedo cuando sabe a coño.

SEIS DEDOS EN LA LLAGA

DE TOMÁS Y UN BRINDIS A

LA SOMBRA DE ANTOÑETE

XX

DE VERDE SAMURAI

De verde samurai Buda en jarras
encela al minotauro que le embiste
y acuarela el betún de las pizarras
con tiza duermevela que no existe.

No hay rojo menos gris que una muleta,
leve, en tu mano izquierda desmayada,
la naturalidad que se embragueta
cotiza en bolsa pero vale nada.

Qué bien que no seas foto de revista,
qué cerca estás, José, cuando te alejas
para ser más Tomás y más persona.

Ni te cuento la cara del taxista
que me llevó al hotel, con dos orejas,
desde Galapagar a Barcelona.

XXI

COSIDO A TU CAPOTE

José Tomás canta como Tiziano,
levita como dios, saca de quicio,
se venga del bochorno del verano,
prende un horno sin juegos de artificio.

Compite en quites, mece chicuelinas,
va de paseo al coliseo de Roma,
desentumece, por manoletinas,
la rutina ferial Santa Coloma.

Republicano zar de los toreros,
el barrabás parece, cuando pasa
por tu fajín, rocín de don Quijote.

Tu pasión es cruzarte con isleros,
tu puerta la del príncipe y tu casa
mi corazón cosido a tu capote.

XXII

TAN DESPACITO

J.T. de Tomás funda la media
verónica de suertes anunciadas,
con un toque de zurda que remedia
la curda bermellón de las espadas.

Dice Sierpes que vuelas más deprisa
que Ponce, Manzanares, Joselito,
y yo que los toritos van a misa
cuando los citas tan tan despacito.

Si a pesar del derrote no escarmientas
y el de la barba escarba en banderillas
como una vaca loca de Guisando,

templa la destemplanza de Las Ventas,
disloca La Maestranza a trincherillas,
baila la danza que andas restaurando.

XXIII

OTRA VEZ

Otra vez sin hincarte de rodillas,
otra vez dos orejas por faena,
otra vez susto y cal, morbo y arena,
otra vez empapando las camillas.

Desde el himno de riego de tu boca
llamando al natural a tu consorte,
pirómano de un fuego que provoca
llamas del sur con fósforos del norte.

En el único sitio, el de la gloria
o el hule, donde pule la memoria
del triángulo scarpa la cornada.

Más ronco te lo digo que el ronquillo:
los toros, sin tus pies en el platillo,
saben a Benidorm y a charlotada.

XXIV

POR UN QUITE

Descabellan tus ojos cuando miras
a los piratas cojos de neón,
las curas de valor curan mentiras
y retiran figuras de salón.

En otras artes también cuecen habas,
cuando tuve de todo quise más,
una noche soñé que reinventabas
conmigo el *rock and roll*, José Tomás.

A mis cuarenta y doce, ni el bombero
torero necesita un telonero,
ni don Tancredo cederá su silla.

Conque, maestro, acéptame el envite;
te cambio seis sonetos por un quite
de frente por detrás a una vaquilla.

XXV

CUANDO SE CUADREN

Pucela se desvela despeinada
después de la cruzada de Sevilla,
y, en capilla, Madrid, con la andanada
del ocho que no es mocho de Jandilla.

Martes se llama el sábado que odia
lo que el viernes amó con desmesura,
los lupas que emborronan tu prosodia,
los okupas que achican tu estatura.

Haz lo que sabes: torear se llama
el verbo que predicas, no te duermas
aunque Gallito y Juan te hagan la cama.

A galopar y que los perros ladren,
líbranos de turistas y cuaresmas,
cuélganos de tu cruz cuando se cuadren.

XXVI

AL MAESTRO ANTOÑETE

Esta tarde la sombra está que arde,
esta tarde comulga el más ateo,
esta tarde Antoñete (dios lo guarde)
desempolva la momia del toreo.

Esta tarde se plancha la muleta,
esta tarde se guarda la distancia,
esta tarde el mechón y la coleta
importan porque tienen importancia.

Esta tarde clarines rompehielos,
esta tarde hacen puente las tormentas,
esta tarde se atrasan los mundiales.

Esta tarde se mojan los pañuelos,
esta tarde, en su patio de Las Ventas,
descumple años Chenel por naturales.

PIES DE FOTO

XXVII

PLASTICORAZONES

Vigile al tuerto rey el lince ciego,
fusile a su álter ego el sufridor,
trasquile al mal pastor el buen borrego,
¿el sastre de Rappel?... *ay candel mor**.

Que a las reinas de plasticorazones
les pudra un golondrino el sobaquillo,
comparado con las televisiones
púbicas ¿Al Capone? un monaguillo.

De este país que chamuscaba iglesias,
Bofilín, Rociíto y sus mutantes,
han hecho un cortijito con amnesia**.

¿Qué fue de aquellos truenos con ladillas
que le gritaban al fascismo: antes
muertos de pie que vivos de rodillas?

*Popular e hilarante expresión del gran Chiquito de la Calzada.
**Sí, falta una s ¿pasa algo?

XXVIII

VOYEUR

Dícese del que mira sin ser visto,
se llama así quien ve pero no moja,
su lema es se desnudan luego existo,
su Cristo aquel mefisto de Baroja.

Un ano es algo más que un agujero,
un mapamundi el plano de una teta,
la bruma es el *plató* del caballero
de la mano en la trémula bragueta.

Catedrático en áticos de Utrillo,
doctor en cines equis de barriada,
prismáticos de alpaca en el bolsillo.

Para echarse a llorar como un chiquillo,
basta que lo sorprenda su cuñada
sudando y con la pinga en cabestrillo.

XXIX

EN HORAS DE OFICINA

La sexi *star* de anónima vagina
folla con la rutina de las putas,
come pollas en horas de oficina,
gana más en propinas que en minutas.

Se engaña usted si empaña lo que digo,
patrona de las pajas del poeta,
en nombre del deseo te bendigo,
menos tuvo Romeo con Julieta.

¿Qué sería de mí sin ese culo
que profana la ley del disimulo
conyugal cuando el sexo es un adorno?

Convicto de ascensores sin salida,
duermo mejor después de una corrida
en los hoteles con canales porno.

XXX

EL BRILLO DE SU AUSENCIA

Para Oliver

Llega al atardecer con su cartera,
viste de oscuro, calla por los codos,
mi modo de querer, sin malos modos,
rezuma *savoir faire* a su manera.

Siempre estamos de acuerdo en casi nada,
novicios de un oficio de difuntos,
entre su soledad y mis asuntos
no hay más resquicio que la madrugada.

Ni nos fían el pan con cicatrices,
ni permuto el bombín de mi amuleto
por el terno de *tweed* de su prudencia.

Antes de que la aurora eche raíces,
abusa, con excusas de cateto,
del brillo hipotenusa de su ausencia.

XXXI

CADA TREINTA DE FEBRERO

Para Toni, otra vez y resumiendo

Como un duelo del sheriff del ducados
contra Billy the Kid, en Almería,
como bakuninistas exiliados
del Chamberí del último tranvía,

a contra obligación, a contra danza,
del vals de los extremos que se tocan,
tenemos libertad bajo fianza,
lágrimas secas que no desembocan.

Cuando la cerradura entra en la llave
fingimos aprender del que no sabe
y hablamos de pericos y scorseses.

Como dos nuevos ricos sin dinero
nos vemos cada treinta de febrero
y volvemos a casa haciendo eses.

XXXII

PALABRAS PARA LIDIA

Lidia abona un jardín ajardinado,
Lidia zurce el jirón de una bandera,
Lidia, siempre que emigra de Belgrado,
se olvida el corazón en la frontera.

Lidia huérfana, altiva, partisana,
serbia loca, sensata de remate,
disparate de fines de semana,
calcetines de lana con tomate.

Lidia pomada, electra, catecismo,
Lidia que duda más de lo que duda,
Lidia raíz cuadrada de mí mismo.

Lidia aceite y vinagre de la tierra,
Lidia atavismo cuando se desnuda
para hacerme el amor y no la guerra.

XXXIII

CERRANDO CABARETES

Contando con los dedos sobran manos:
son Curro, Caco, Lázaro, Adrián,
los llamo cada dos o tres veranos,
pero, cuando los llamo, siempre están.

Vienen de higos a brevas a un concierto,
para pasarse a cuenta del juglar,
la semana siguiente me despierto
moribundo y sin ganas de ensayar.

Son los muchachos, oiga, qué regalo,
perfectos caballeros, Dyc del malo,
vagos, ovejas rojas, tribuletes.

Si ven que ando tirando la toalla
me invitan a una risa y media raya
y acabamos cerrando cabaretes.

XXXIV

MI SECRE MARI MARI

Mi secre no me cuenta mis secretos,
con tal de madrugar, de madrugada,
me ordena ordenadores y tercetos,
periódicos, pudores, mermelada.

Aunque no hace vudú, ni pincha en vena,
ni envenena el vermú de mis amantes,
Maricielo arma la marimorena
si le tocan un pelo a sus cantantes.

Marimandona Ignacia Magariños,
sal de farmacia, mus de musarañas,
madre de la Pantoja de sus niños.

Por las entrañas pierde la cabeza
cuando la lluvia empaña las pestañas
que me pasan a limpio la tristeza.

XXXV

CUANDO TENGAS FRÍO

Para la seño

Usa mi llave cuando tengas frío,
cuando te deje el cierzo en la estacada,
hazle un corte de mangas al hastío,
ven a verme si estás desencontrada.

No tengo para darte más que huesos
por un tubo y un salmo estilo Apeles
y páginas anémicas de besos
y un cubo de basura con papeles.

Ni me siento culpable de tu lejos,
ni dejo de fruncir los entrecejos
que usurpan de tus ojos la alegría,

si quieres enemigos ya los tienes,
pero si socios buscas ¿cuándo vienes
a repartir conmigo la poesía?

XXXVI

TODO A CIEN

Comprar el todo a cien de Calamaro
es mudarse al país de Gulliver,
qué capricho saberse un bicho raro,
cuántos nichos trepana su alfiler.

Cálices, brújulas, monomanía,
cañí lunfardo, cardo de jazmín,
no es un hijo bastardo de García,
dicen que dijo san Discepolín.

Le exigimos a Sting *monday's night fever**,
le ponemos a Prince algunos peros,
flacos esquizofrénicos *for ever**.

La gloria eterna nos parece poco,
del fashion nos vengamos con boleros,
Andrés crece al revés y yo tampoco.

---

* Pronúnciese como se escribe

XXXVII

LA COLUMNA DE BOYERO

Su oficio es escupirle al firmamento,
su vicio vomitar en las medallas,
su gramática parda y su talento
se crecen al fragor de las batallas.

Exhibe un pedigrí con lamparones,
va derrapando en dirección prohibida,
no concibe el amor sin desconchones,
ni a Bob Morrison Brel sin mala vida.

Por más que se nos cruce el mismo cable
ni yo pierdo las ganas de abrazarlo
ni él desluce mi arrojo novillero.

El Mundo sería menos transitable
si no hubiera impostores como Carlo(s)*
firmando la columna de Boyero.

* Licencia poética,

XXXVIII

ENRIQUE Y GRANADA

Ese compás que se juega la vida,
esa agujeta pinchando el vacío,
esas falsetas hurgando en la herida,
esa liturgia del escalofrío.

Esa arrogancia que pide disculpa,
ese sentarse para estar erguido,
ese balido ancestral de la pulpa
del corazón de un melón desnutrido.

Esa revolución de la amargura,
ese carámbano de pez espada,
ese tratado de la desmesura.

Esa estrellita malacostumbrada,
ese Morente sin dique ni hartura,
ese palique entre Enrique y Granada.

XXXIX

A SABICAS

Ese gitano de faca y sombrero,
esa vitola de rey en lo suyo,
esos arcanos de tonadillero,
ese remanso en mitad del barullo.

Ese que pisa quintas avenidas
con los caireles de un dios en barbecho,
sin la quincalla de las despedidas,
con los papeles que nunca le han hecho.

Ese despecho de etrusco de Marte,
ese bastón para andar por derecho,
ese pedrusco en el dedo meñique.

Ese que guarda el secreto del arte,
en la botica más *jonda* del pecho,
ese Sabicas tocándole a Enrique.

XL

DON MENDO NO SE HEREDA*

¿Ramplón? ¿no es esa la autobiografía
de un comemierdas a un borbón pegado?
¿ordinaria? su lengua de lenguado,
y *cursi...* ¿no es sinónimo de Ussía?

¿Pelma oficial? su napia de beata,
¿tópica? su prosapia de la C.E.D.A.,
¿boba? su sopa *¿rancia?* su corbata,
¿buen gusto? ¿usted? don Mendo no se hereda.

¿Esteti... cuálo? qué malos modales,
antes de sus regüeldos semanales,
lústrese los colmillos con lejía.

Comprendo que se esconda tras su abuelo
viéndome derrochar (sírvase fría)
la gracia que no quiso darle el cielo.

---

* Los insultos en cursiva son un bumerang para Alfonso Ussía, que
me hizo el honor de dedicármelos en su columna de *Época.*

XLI

AY, CARMELA

A ti que te enfurruñas con mis bromas,
hija de anciano bardo inevitable,
candidata a heredar mis cromosomas,
polizón de un por fin ingobernable.

A ti que me arruinas con percebes,
a ti que me adivinas de memoria,
a ti que trinas cuando no te atreves
a explorar las letrinas de mi historia.

A ti, prima inter pares, Carmelona,
compinche de mis trucos malabares,
chinche, precoz, naranja guasingtona,

dame un beso filial en la rebaba,
por cantar el cantar de los cantares
y ponerlo a tus pies, reina de Saba.

XLII

AY, ROCÍO

Rocío de mi barba cenicienta,
dulcinea del oso y el madroño,
corchea que me canta las cuarenta,
sultana de magüey, jersey de otoño.

Abono de las plantas de mis labios,
lámpara milagrosa de Aladino,
bella durmiente que desgrava agravios,
detergente que lava mi destino.

No vuelvas a rodar por la escalera,
cuando no haya un portero, a ras del suelo,
que medie entre tu alma y los chichones.

Convídame a fundar la primavera,
no me cierres las puertas de tu cielo
lleno de caramelos y bombones.

XLIII

PARA DORMIR A LA PRINCESA IRENE

Para que el alcanfor de la palabra
destiña el borrador de la memoria,
en secreto te escribo, abracadabra,
un soneto, el primero de tu historia.

Ya que el cemento pone en mi camino
el guantecito azul de tus antojos,
yo lo recojo en nombre del padrino
de la niña más cursi de mis ojos.

Y como tengo el vicio de extrañarte
y el mono de las ganas de achucharte,
por tus cuatro solsticios y el que viene,

he hilvanado estos versos que mañana
te dormirán al ritmo de la *nana
para dormir a la princesa Irene*.

XLIV

CÁMBIAME EL CLIMA*

Para Pablo Milanés, por ser tan suyo

Antes de estrangular al mensajero
que oscila entre tu esguince y mi torpeza,
camuflo, bajo el ala del sombrero,
el gorrión senil de la tristeza.

Se lo dice un vicario de las risas
a un mercenario de las excepciones,
Curro Romero jura que las prisas
son lances de balseros y ladrones.

¿Me evitarás, creyendo que te evito?
¿Pisarás *nuestra* calle nuevamente?
¿Intuirás, cuando callo, por qué grito?

A tu vampiro, *brother*, sin esgrima,
no lo vas a dejar bajo el relente.
Indúltame, cabrón, cámbiame el clima.

* Quisieron enfrentarnos vecindonas. Jodiéronse.

XLV

YO TE SALUDO

Niégate a barnizar el inclemente
muro de san Fermín con trampantojos,
llámanos por el nombre de la gente,
ayúdanos a andar, que andamos cojos.

Descalabra el establo y el casino,
desabertzala la *kale borroka*,
cuéntanos el secreto, y a Sabino
dale con los maquetos en la boca.

Por el Voltaire que nos desenmascara,
por la daga en la llaga del espanto,
por tu camisa limpia y tu cuchara,

por la oreja Van Gogh del tartamudo,
por la guerra a la paz del campo santo,
Fernando Savater, yo te saludo.

XLVI

A PACO UMBRAL

*«La movida se acaba; hasta en Rock Ola
programan al decadente Sabina.»*
El Spleen de Madrid.
Paco Umbral

Nunca olvidabas festejar a Olvido,
a Berlanguita, a Cela, a Ramoncín,
cómo te odiaba, viéndome excluido
de la efímera fama del *spleen*.

Soñaba que mi nombre, con negritas,
brillaba, en tu columna de El País,
entre lumis, cebrianes y pititas,
o con Ana* (la amo) *vis à vis*.

Pero, al fin, mi delirio incontinente
se ha visto, a fuego fatuo, cocinado...
¿qué importa que me llames *decadente*?

¡Me has citado, dios mío, me has citado!
Ese adjetivo, Umbral, directamente,
al umbral del parnaso me ha llevado.

* Ana Belén.

72

XLVII

SI DIGO RAFAEL

Si digo Rafael digo Picasso,
cabello de ángel, gorro marinero,
Ignacio, Federico, Garcilaso,
Aitana, Benjamín, García Montero.

Si escribo cal y canto, ¡qué osadía!,
si Trastévere... casa de las flores,
no pasarán quiere decir Dolores,
si naufrago pernocto en tu bahía.

Si te falla mi hombro es porque muero,
si nombro a Juan abrazo al panadero
del pan de anís de la melancolía.

Si te desvives culpo a tu asesino,
si calla Alberti se avinagra el vino
del bar del Puerto de Santa María.

XLVIII

EN NOMBRE DE LA VIDA

Para Mare, con siete crisantemos

¿Cómo vidriar, tan lejos del teatro,
los azulejos de verte y no verte,
cómo ser dos en uno (y dos son cuatro)
los vivos que blasfeman de la muerte?

¿Qué cuentas de collares, Marepena,
contaré, qué lunares, qué crespones
rimaré con la flor de la azucena
que deshabita tus habitaciones?

En nombre de mañana te propongo,
desde tu réquiem, desde nuestro ahora,
fusilar a la pálida señora.

No son más que palabras, pero pongo
a mi enjuto cadáver por testigo
de que estoy solo, de que estoy contigo.

XLIX

ENSAIMADAS

Para Carmela y Vicente

Naturalmente que somos dos lujos
de la necesidad, no del ingenio
ni del orujo, los amores brujos
bailan rumba en la tumba del milenio.

Lo urgente es frecuentar, con los amigos,
la clase de la frase nunca dicha,
contigo y con Vicente, por testigos,
no es tan de ayer el pan de la desdicha.

Menos da un diapasón anestesiado;
se lo digo, Carmela, a tu mirada,
que calla porque ha visto demasiado.

Lo que perdimos era casi nada,
ítem más, que nos quiten lo bailado,
en Tirso nunca falta una ensaimada.

L

A SÍLABAS CUNTADAS

Para Javier Krahe

*Mester traygo fermoso non es de ioglaria
mester es sin pecado que es de clerezia
fablar curso rimado por la quadern[a] [u]ia
a silauas contadas que es grant maestria.*

LIBRO DE ALEXANDRE

No dejaré sin contestar tu carta
a sílabas cuntadas, maestría,
que le debemos, buen rayo te parta,
entrambos al mester de germanía.

Derogo desde el alma del delito,
el blindaje contrito que te agravia:
a mí también me falta tu gambito
de dama y los rigores de tu labia.

¿Con quién bailar la jota en esperanto?
Sigues siendo mi gripe, mi vacuna
y el *prota* al alimón de mi novela.

La purga, el catalejo de mi canto,
mi murga, mi aparejo de fortuna
y el padrino más viejo de Carmela.

LI

ASÍ ESTOY YO SIN TI

Para Luis Alberto, Pichi y sus malitos

Como Buster en *el apartamento*,
con más miedo que Fredo en *el padrino*,
como el marido fiel de *lo que el viento
se llevó* con guión de Tarantino,

como helado de *fresa y chocolate*,
como el acorazado frankestein,
como un primate en el empire state,
como el magnate de *citizen Kane*,

como *el ángel azul* sin escolares,
como Harpo sin arpa ni bocina,
mister president call me Norma Jean,

como polvos de arroz sin calamares,
como Tarzampanó sin Gelsomina,
como el bastón de Charly sin Chaplin.

LII

ADIÓS MUCHACHOS

Para Pepe Luis García Sánchez y Rafael Azcona

Adiós muchachos, con el corazón,
que con el alma no puedo, compay.
Juan Luis ¿como persona? qué dicción,
tú y Rafael... dos curas de la FAI.

Rey consorte por parte de leona,
corruptor de mayores a granel,
de tu brazo el ignoto fray Azcona
sale más en las fotos que Massiel.

Gran *business* el camino a la derecha,
ya van tres, hasta el día de la fecha,
portugales de España y el Magreb.

¿Quién nos queda? Fernando bizqueando,
Pedro Almodóvar honoriscausando
y yo breándome a páginas web.

LIII

DEL IMPERIO AUSTRO-HÚNGARO*

A Don Luis García Berlanga

Del imperio austro-húngaro, estreñido,
por falta de sonrisas verticales,
a Tombuctú, provincia del olvido,
partió don Luis, en bici de pedales.

Pero, si el arcabuz de cierta estrella
cegó a Pablo camino de Damasco,
al olor de charanga con paella
no hay Berlanga que no tome del frasco.

Y acampó en Calabuch, dos o tres meses,
entre cristianos, moros de paisano
y falleras que follan con franceses,

y, en plena mascletá, rezando un credo,
ante el altar de un culo valenciano,
se le escapó del alma: tengo miedo.

*Muletilla jocosa usada por Berlanga en todas sus películas.

LIV

ELÍGEME

La noche de Madrid firma postales
de ventanas con tedio en cada ojera,
zarcillos de bananas tropicales,
fulanas de canana en bandolera.

La noche de Madrid, a san Vicente
Ferrer enreda en su tisú de araña,
la noche de Madrid, bella durmiente
que no puede dormir en Malasaña.

La noche de Madrid, cuando está seca,
se pide en el Elígeme otra copa,
harta del chun da chun de discoteca...

los dedos de un cupido tabernario
le quitan los tacones y la ropa
cuando se sube en pedo al escenario.

LV

PERILLANES PERILLA

Perillanes perilla hermanos Bécquer,
¿mentira? que se muera mi compadre,
púdrase el corazón que no taladre
nuestra *parker* siamesa *black and decker*.

San Judas, santa Rita y *samsonite*
financian la piedad de los impíos,
Lolita se distancia de los fríos
escondiéndose mal al escondite.

Compartimos los mitos, las histerias,
el asma, los pinchitos de las ferias,
no nos casamos por amor al arte.

Rezamos al compás de los masones,
aunque a veces nos llamen bujarrones
¿cómo ser jueces de quien somos parte?

JOAQUÍN VARONA

LVI

BARES

Para Julio Sánchez

Complot, champú, les deux magots, la biela,
morocco, el rinconcillo, los cabales,
alexis, bienvenido, el sol, candela,
magic, la bovia, flash, los inmortales,

la aurora, la mandrágora, el molino,
el café comercial, el candelero,
la buhardilla, el pastís, el rey del vino,
el oasis, el plata, el burladero,

tenampa, los grabieles, la oficina,
el avión, la mordida, el piano bar,
zambra, la noche, satchmo, la cantina,

san luis, el floridita, la taberna,
troubadour, la comanche, el paladar,
la luna, el chino, clásica y moderna.

LVII

CONMIGO VAIS

Chispa, Blanca, Isabel, Rosa, Lucía,
Claudia, Marlén, Beatriz, Emi, Chavela,
Cristina, Luz, Jimena, Rosalía,
Yolanda, Flor, Verónica, Jorgela,

Teresa, Soledad, Mónica, Lola,
Úrsula, Micaela, Candelaria,
Esperanza, Françoise, Nacha, Fabiola,
Adela, Sol, Bettina, Pasionaria,

Lilian, Olga, Leonor, Sandra, Patricia,
Gabriela, Irene, Fátima, Clotilde,
Penélope, Carmina, Genoveva,

Lesley, Nuria, Virginia, Inés, Alicia,
Carlota, Montserrat, Paula, Matilde,
conmigo vais, mi corazón os lleva.

LVIII

QUE NO LLEVAN A ROMA

La Habana, Londres, Fez, Venecia, Lorca,
Nápoles, Buenos Aires, Sinaloa,
Guanajuato, Madrid, Gijón, Menorca,
Ronda, Donosti, Marrakesh, Lisboa,

Cádiz, Granada, Córdoba, Sevilla,
Úbeda, Vigo, Tánger, Zaragoza,
Cartagena, Vetusta, Melipilla,
Montevideo, Cáceres, Mendoza,

Macondo, Esparta, Nínive, Comala,
Praga, Valparaíso, Guatemala,
Samarcanda, Bagdad, Lima, Sodoma,

Liverpool, Tenerife, Petersburgo,
Nueva Orleáns, Atenas, Edimburgo,
cien caminos que no llevan a Roma.

LVIX

MÁTANOS DE RISA

Para la Marga y el Jofra

¿Con qué permiso, gordo *fanfarró**,
nos amargas la crema catalana?
La puta madre que te desparió,
¿qué deuda te cobró la tramontana?

Aquí abajo seguimos, Bardagí,
*els quatre gats, sense rauxa ni frenos**,
en el destajo de brindar por ti,
y, qué carajo, echándote de menos.

Desde tu mutis, mestre Pío Bar,
la moreneta *té el cutis més clar**
y el nieto de Durruti canta misa.

Alívianos de luto la función,
límpianos la cartera y la razón,
no te nos mueras, mátanos de risa.

* En catalán en el original.

LX

SOSTUVO MARCOS

Despojóse la flor de las poblanas
de su *huipil* (¡qué par de dos poetas!).
Vas a dejar al *sup* muerto de ganas,
le dijeron mis canas a sus tetas.

Con primor artesano había rizado,
hebra de plata sobre tul oscuro,
el rizo de un pirata enmascarado
mestizo de Zapata y Epicuro.

Así que lo prendí en un bastidor,
le añadí un par de trucos de pintor
y eché al mar la botella con barquito.

Cuando abusa del verbo un jeremías
ni las musas le dan los buenos días,
sostuvo Marcos viendo mi marquito.

LXI

EL NOVIO DE LA MUERTE

Para Javier Álvarez

Novio formal de mi novia la muerte
me cuentan que te has hecho, bienvenido
al club de almas en pena de la suerte,
a la zarpa de hiena del herido.

Nadie en el tercio Álvarez sabía
si ibas de skin, baboso o proletario,
sólo algún legionario componía
la copla que iba a ser tu escapulario.

Benditas sean las alas de las plumas,
las chinitas de polen que te fumas,
la escala de bemoles que te abriga.

Sabes a regaliz y *eau de sobac*
cuando al garrote vil le pones frac
y a la emoción un gato en la barriga.

LXII

EL PRIMOGÉNITO DEL COMISARIO

Para Antonio Muñoz Molina

El primogénito del comisario
Florencio Pérez, pulcramente gana
su jornal de curtido funcionario
y el benjamín nos ha salido rana.

Mágina los subleva y los anida,
la vida los abreva y los destrona,
los hijos crecen, uno por herida,
octubre escuece porque no perdona.

¿Raíces? si te he visto no me acuerdo,
¿familia? bien, quitadme las esposas,
¿nostalgia? de las uvas que me pierdo,

¿cansancio? de quererte y no quererte,
¿adicción? a las curvas peligrosas,
¿ganas? de lo contrario de la muerte.

LXIII

SESSANTA E NOVE

You know what I mean... baby

No me encargó Violante este panfleto
ni traducir galantes rubaiyyatas;
las faltas, que las hay, son de respeto,
¿de ortografía?... ved la fe de erratas.

Aunque adicto al trovar del artesano
no ceñiré laurel que no sea mío,
si mi nariz compite con Cyrano
mi verbo se arrodilla ante Darío

y se humilla en honor del Galileo
que abjuró del invento (*eppur si muove*)
sin darle la razón al filisteo.

Me cago en la, *porco governo*, *piove*,
vivan las odiseas de Odiseo,
me faltan seis para *sessanta e nove*.

BENDITOS MALDITOS
MALDITOS BENDITOS

Para Rosa León

LXIV

BENDITOS MALDITOS I

Para Santiago Segura y Luis Alegre

Benditas sean las bajas pasiones
que no se rajan cuando pintan sables,
los labios que aprovechan los rincones
más olvidados, más inolvidables.

Bendito sea el libro de la calle,
los viejecitos verdes con petaca,
las medias con costura, qué detalle,
los quitapenas que dejan resaca,

las marujitas que pierden al bingo,
los descendientes de los animales,
los miércoles con ropa de domingo,

los adustos, los dandys insolventes,
los justos que parecen subnormales,
los iguales a mí, los diferentes.

LXV

MALDITOS BENDITOS I

Malditos sean los bobos con medalla,
los probos ciudadanos, los chivatos,
los candidatos (cierra la muralla),
los ascetas a dieta de tres platos,

los ungidos, los líderes en serie,
los que tiran penaltis de cabeza,
los que ignoran la voz de la intemperie,
los que adoran al dios de la certeza.

Malditas sean las muertes naturales,
los que besan a plazos mensuales
y se confiesan en cuatricomía,

las mariposas macho con corbata,
la pétalos de rosa de hojalata,
la vil y escandalosa mayoría.

LXVI

BENDITOS MALDITOS II

Para Berri

Benditos sean los ceros a la izquierda,
los vuelos regular tirando a mal,
los de *viva el Atleti manque pierda,*
los que esperan que amaine el temporal,

los quistes de los bronquios del minero,
los tristes que se ríen de la tristeza,
los calvos que se quitan el sombrero
ante la dignidad y la belleza,

los donjuanes sin tierra ni partido,
los castos casanovas descastados,
los que pudieron ser y no han querido,

los benditos malditos desarmados,
los parados sin paro ni despido,
los don nadie, los santos humillados.

LXVII

MALDITOS BENDITOS II

Maldita sea la voz de la experiencia
que nunca se equivoca a media suma,
los que firman la paz con su conciencia,
los *oiga, que en mi taxi no se fuma,*

los energúmenos que se encabritan,
los másteres de Yale y Rocambole,
los minerales que no se marchitan,
los que adornan las notas de su prole,

los que se casan por comer perdices,
los cretinos que saben lo que dices,
los celestinos de la gota fría,

los que se pasan nunca de la raya,
los que exhiben el móvil en la playa,
los que hacen tratos con la policía.

LXVIII

BENDITOS MALDITOS III

Para Luis Miguel Encabo

Bendito sea el sabio despistado,
los lápices de labios delincuentes,
los que dan lo perdido por gozado,
los opacos a fuer de transparentes,

el ácido, el inútil, el cobarde,
los abanicos de las solteronas,
los que no llegan, los que llegan tarde,
las Román, los de Diego, los Varonas,

los que esconden un roto en el bolsillo,
los Quasimodo, los Pepito Grillo,
las motos de los presos impacientes,

los besos de después de la pelea,
los huesos de Calixto y Melibea,
el hambre de las bocas insolentes.

LXIX

MALDITOS BENDITOS III

Malditas sean las cuentas al contado,
los tipos de interés, el finiquito,
las leyes de la selva del mercado,
los talibanes del último grito,

la viga en la retina del más ciego,
los lagartos orondos y felices,
los que dejan el luego para luego,
la sagrada familia con lombrices.

Malditos sean los que no se cansan,
los que ganan carreras de tortugas,
los capataces de la certidumbre,

los rectos eficaces, los que transan,
los que estiran el alma y las arrugas,
los secuaces del rey de la costumbre.

LXX

BENDITOS MALDITOS IV

In memoriam

Bendita sea la chusma con problemas,
los hermanos carnales de su hijo,
los póstumos Enriques anatemas,
los nombres de María made in Urquijo.

Bendito sea Argüelles con andenes,
las Rickenbácker viudas de secretos,
los almanaques del año que vienes,
el sino de los Álvaros discretos,

las greñas de los ángeles malditos
que enseñan a volar a quien no sepa
y salen moviditos en las fotos,

la flema de la Tos de los Canitos,
la prima del bordón de Lady Pepa,
los bulevares de los sueños rotos.

LXXI

MALDITOS BENDITOS IV

Para Enrique Urquijo

Maldita sea el alma desalmada
de quien tizna el idioma en cada verso,
el zumo de carcoma congelada,
las vírgenes de Lourdes del Inserso.

Maldita sea España con verrugas,
la infame Malasaña – malasombra,
el sol que te aplicó la ley de fugas,
el traidor inconfeso que te nombra.

Malditos sean los daños a terceros,
las once de los doce de febreros,
el nudo de la soga que nos atas,

las puertas de portales sin salida,
los pianos mellados de la vida,
las uñas de los ojos de las gatas.

LXXII

BENDITOS MALDITOS V

Para José María Cámara

Bendito sea el sello de los sobres
de las cartas que llegan a tus manos,
la sopa del cocido de los pobres,
la ropa que te quitan los veranos.

Benditos sean los gordos maricones,
el himen de las tímidas lesbianas,
los locos que se creen Napoleones,
los mocos que se comen las fulanas.

Bendito sea el farias con saliva,
el gallo de las arias de la diva,
los callos de las piernas de las cojas,

las batallas de abuelos Cebolletas,
la tortuga de Aquiles con muletas,
los tréboles de más de cuatro hojas.

LXXIII

MALDITOS BENDITOS V

Maldita sea la cresta de las olas,
la doméstica sarna que da gusto,
los funerales de las amapolas,
la pila bautismal de san Injusto.

Malditas sean las fieras adiestradas,
los ministros sin fuste y con cartera,
los chulos de rameras malpagadas,
la colada de trapo de bandera,

el fiel de la balanza del tendero,
los jueves en París, con aguacero,
los limoneros sepia de tus ojos,

los yates con enseña rojigualda,
los tiros en la nuca de la espalda,
los que aplauden al príncipe de hinojos.

LXXIV

BENDITOS MALDITOS VI

Para Nacho y Virginia

Bendito sea el indocumentado
morito hacinadito en su patera,
los pañales del hijo del pecado,
la dictadura de la primavera.

Benditos sean los cultos robinsones,
los récords que no salen en el Guinness,
los nacos, los *pied noir*, los segundones,
los adultos que lloran en los cines,

la penitencia de los penitentes,
la decadencia de los decadentes,
las aflicciones de los afligidos,

las anginas del tonto de la clase,
las Duncan, las Meninas, los Ducasse,
los alias falsos de los perseguidos.

LXXV

MALDITOS BENDITOS VI

Maldita sea la lengua viperina,
los sextos y novenos mandamientos,
el crack, el pegamento, la heroína,
los jueces, los obispos, los sargentos,

el forúnculo, el sida, la jaqueca,
el tornado, el tifón, los huracanes,
los fondos de inversión con hipoteca,
los Clark Kent (*c'est à dire*, los supermanes),

los criminales que aman a los gatos,
los cúmulos, los cirros, los estratos,
la peste, la miseria, la sequía,

el relamido sol que más calienta,
el azúcar sin sal y sin pimienta,
la lija de las hijas de María.

LXXVI

BENDITOS MALDITOS VII

Para Pedro y Eida

Bendita sea la síncopa, el diptongo,
la marimba, el fiscornio, la guitarra,
el dubi dubi, el sóngoro cosongo,
la amazona, la hormiga, la cigarra,

las desgracias de Rubens, las giocondas,
el *¿why not?*, el quizás, el todavía,
las naranjitas mondas y lirondas,
las cartas con *fartas* de ortografía,

los últimos mejores que el primero,
la suegra de la novia del torero,
las venas de los plomos que se funden,

los chanquetes, los vinos generosos,
los abogados de los sospechosos,
los grumetes de barcos que se hunden.

LXXVII

MALDITOS BENDITOS VII

Maldito sea el duende que no tengo,
el hiato que encontró san Cucufato,
la orgía que agoniza cuando vengo,
la letra pequeñita del contrato,

los australopitecus arrogantes,
los académicos de la impostura,
los tesoreros de los traficantes,
los mamporreros de la infracultura,

los envidiosos bienintencionados,
los críticos que quieren ser artistas,
el lacre de sagrarios profanados.

Maldito seas, *ciao*, fuera, vete,
la caspa del champú de las revistas,
la pus enmascarada de azulete.

LXXVIII

BENDITOS MALDITOS VIII

Para Juan Carlos y Jorgela

Benditas sean las rubias calentonas
que se bajan las bragas con cualquiera,
las niñeras que salen respondonas
y arrinconan al niño en la escalera,

las enfermeras que suben la fiebre,
las tetas de pezón hospitalario,
los gatos que no dan gato por liebre,
los misterios gozosos del rosario,

los frívolos culitos cariñosos
que perdonan los polvos atrasados
y no juegan a ricos y famosos,

los húmedos chochitos de las putas
que consuelan a más desconsolados
que las madres teresas de calcutas.

LXXIX

MALDITOS BENDITOS VIII

Malditos sean los bienes gananciales,
los sostenes a guisa de trincheras,
los penes con tres puntos cardenales,
la meca que divide tus caderas,

los que arriman el ascua a las ruinas,
los que soplan las velas de la nave,
los que conspiran entre bambalinas,
los expósitos padres de quién sabe,

los alcahuetes del polvete ajeno,
los sorbetes de bilis con veneno,
la mili voluntaria en Regulares,

los que jubilan a los jubilados,
los que fusilan a los fusilados,
las pilas de dalilas nucleares.

LXXX

BENDITOS MALDITOS IX

Para mi Laly

Benditos sean los glóbulos rojos,
la epidural, el calcio, la insulina,
el zotal que extermina los piojos,
el ginseng, los condones, la morfina,

los cristales de arena de las playas,
los árboles frutales, la aceituna,
las fiambreras, el termo, las toallas,
las gafas, las bombillas, la vacuna,

el jabugo, el café, la manzanilla,
las migas, el arroz, la ensaladilla,
el jabón, las tiritas, la escayola,

el botijo, el porrón, la damajuana,
el mate, el J.B., la marihuana,
el cubata de ron sin coca-cola.

LXXXI

MALDITOS BENDITOS IX

Maldita sea la mantis religiosa,
el granizo, el pulgón, la filoxera,
el párkinson, la seta venenosa,
la raposa, el bromuro, la dentera.

Malditos sean los fachas reciclados,
el cólera, la nitroglicerina,
el márketing de los recién casados,
el alzhéimer, la hiel, la tosferina.

Maldito sea el sarro de las hienas,
los mapas, las cruzadas, los misiles,
los papas de las nuevas religiones,

la leche sin café ni magdalenas,
la ortiga, la cucaña, los reptiles,
las legañas de las desilusiones.

LXXXII

BENDITOS MALDITOS X

Para Félix y Pili

Benditos sean los expresidiarios
que no ultrajan ni rajan ni dan coces,
las secretarias de los secretarios,
los lobos que no saben ser feroces,

la caquita del niño con flemones,
los carpantas que emigran del asilo,
la yerbita que crece en los balcones,
Billy Wilder, Gaudí, Leonardo, Esquilo,

la gorda del estanco de la esquina,
la cervecita helada con yohimbina,
el troncomóvil de los Picapiedra,

la raspa de sardina de Durero,
los hematomas del buen costalero,
las comas de Cervantes y Saavedra.

LXXXIII

MALDITOS BENDITOS X

Maldito amor el nuestro si caemos
en la trampa mortal de las parejas,
si queremos querer y desqueremos,
si empezamos el living por las rejas.

Maldito sea el hall de los despachos,
los ángeles dormidos en la rama,
el garrafón del bar de los muchachos,
los gajes de los trajes de la fama.

Malditas sean las pugnas fratricidas
entre el macho y la hembra, resignados
al duelo de juzgados homicidas.

Malditos sean los gritos destemplados,
malditas sean las bocas desabridas,
la justicia de los ajusticiados.

QUIEN LO PROBÓ LO SABE

LXXXIV

NI CON COLA

Anochece, deliro, me arrepiento,
desentono, respiro, te apuñalo,
compro tabaco, afirmo, dudo, miento,
exagero, te invento, me acicalo.

Acelero, derrapo, me equivoco,
nado al *crowl*, hago planes con tu ombligo,
me canso de crecer, me como el coco,
cara o cruz, siete y media, sumo y sigo.

Juego huija, me aprieto las clavijas,
me enfado con el padre de mis hijas,
abuso del derecho al pataleo.

Resbalo, viceverso, carambola,
este verso no pega ni con cola,
me disperso, te olvido, te deseo.

LXXXV

ALREDEDOR NO HAY NADA

El moño, las pestañas, las pupilas,
el peroné, la tibia, las narices,
la frente, los tobillos, las axilas,
el menisco, la aorta, las varices.

La garganta, los párpados, las cejas,
las plantas de los pies, la comisura,
los cabellos, el coxis, las orejas,
los nervios, la matriz, la dentadura.

Las encías, las nalgas, los tendones,
la rabadilla, el vientre, las costillas,
los húmeros, el pubis, los talones.

La clavícula, el cráneo, la papada,
el clítoris, el alma, las cosquillas,
esa es mi patria, alrededor no hay nada.

LXXXVI

LA FLOR DE LA CANDELA

Evocaré el boliche clandestino
que desató mi lengua y tus botones,
¿qué panal libaré cuando el destino
me requise la miel de tus pezones?

Eccema de mis pilas agotadas,
badila de mis quieros y mis puedos,
zalema de pupilas deslumbradas,
teorema de las yemas de mis dedos.

Cada noche te asalto en la escalera,
vivo dilapidando amaneceres
con tu tanga de encaje por montera.

Laica patrona de la despedida,
yo te nombro, entre todas las mujeres,
la flor de la candela de mi vida.

LXXXVII

TU INJUSTICIA POR MI MANO

Tus mohines son menos inocentes
que tus patines y tus espinillas,
líbreme Alá de las adolescentes
sagitario, con rímel y en cuclillas.

Declino estar un mes con agujetas
por dármelas contigo de judoka,
mi sarampión no admite más recetas
que el flan de chocolate de tu boca.

Antes de la serpiente, el paraíso
era un friso de arcángeles paganos
copulando sin morbo ni permiso.

Por tu culpa en mis tórridos veranos
la palma de los dedos de narciso
se toma tu injusticia por mi mano.

LXXXVIII

TAL PARA CUAL

Tú de farol, yo manco de una sota,
tú rica en vitaminas, yo desnudo,
tú carne de gallina, yo de jota,
tú huérfana de novio, yo viudo.

Tú cuento de calleja, yo en la inopia,
tú con queso, yo hueso de ciruela,
tú retrato robot, yo fotocopia,
tal para cual, yo virus, tú viruela.

Yo marino mercante en tierra firme
con ganas de matarte y de morirme,
tú anillo de brillantes, yo Juan lanas.

Tú lagrimón estilo cocodrilo,
yo agonizando, tú tensando el hilo,
dos pinchauvas, dos cantamañanas.

LXXXIX

¿A QUIÉN HAY QUE MATAR?

A menudo lo noble no es lo bello
ni el camello peor el más barato,
calizas son las manos de Pilato,
de ceniza el tumor de tu cabello.

El caballero la prefiere tonta,
las *mademoiselles* nos quieren poderosos,
así que, monta tanto – tanto monta,
hombre y mujer... qué atajo de tramposos.

¿Golfa, hermosa, ilustrada, casadera?
¿a quién hay que matar? no lo permita
la ermita de las pecas del pecado.

Mejor hacerse fraile o tortillera
que encoñarse con una serranita
que te devora sin probar bocado.

XC

SOCORRO PIDO

Si nos hundimos antes de nadar
no soñarán los peces con anzuelos,
si nos rendimos para no llorar
declarará el amor huelga de celos.

La primavera miente y el verano
cruza, como un tachón, por los cuadernos;
la noche se hará tarde, tan temprano,
que enfermarán de otoño los inviernos.

Cuando se desprometen las promesas,
la infame soledad es un partido
mejor que la peor de las sorpresas.

Si me pides perdón socorro pido,
si te sobra un orgasmo me lo ingresas
en el banco de semen del olvido.

XCI

JUÉGATE LA VIDA

Ultramarino amor, bruja granita,
recién conversa al puente de Triana,
purasangre, tirana, gabachita,
pies dorados con pe de peruana.

Lo peor de lo malo de lo horrible
es la guerra incivil de nuestro ombligo,
lo que no puede ser es imposible,
atrévete a ser tú, ti, te, sinmigo.

Qué chanchullo el encono que no arde,
si quieres olvidarme lo comprendo,
yo también huyo en trenes a medida.

Tierra por medio pon, mañana es tarde
y brinda al sol que tienes aplaudiendo,
pero, si vienes, juégate la vida.

XCII

EL PRIMERO DE ENERO

El primero de enero, tararí,
será tan gris como un jueves cualquiera,
sin Drácula escalando el Pirulí,
ni marcianos cruzando la frontera.

Más de lo mismo bajo el cielo añil,
Cronos en su fugaz trono vacío,
la anoréxica luna giligil
no exportará vacunas contra el frío.

Llenaré otro galpón municipal
y esperaré el diluvio universal
viendo crecer el bosque por la acera.

El primero de enero (del *dos m-
il)*, aunque siga muriéndome por ti,
me iré con la primera que me quiera.

XCIII

PUNTOS SUSPENSIVOS

Lo peor del amor, cuando termina,
son las habitaciones ventiladas,
el solo de pijamas con sordina,
la adrenalina en camas separadas.

Lo malo del después son los despojos
que embalsaman los pájaros del sueño,
los teléfonos que hablan con los ojos,
el sístole sin diástole ni dueño.

Lo más ingrato es encalar la casa,
remendar las virtudes veniales,
condenar a galeras los archivos.

Lo atroz de la pasión es cuando pasa,
cuando, al punto final de los finales,
no le siguen dos puntos suspensivos.

XCIV

SILICONA

Ni imploro tu perdón ni te perdono,
ni te guardo rencor ni te respeto,
si tardo en devolverte el abandono
repróchaselo al tono del soneto.

Rompe la veda, ensánchate, respira,
falsa moneda mancha a quien la acuña,
las heces de un amor, que era mentira,
no merecen el luto de una uña.

Ni sembraré de minas tu camino,
ni comulgo con ruedas de molino,
ni cambio mi mar brava por tu calma.

El matasanos que esculpió tus tetas,
de propina, lo sé por mis tarjetas,
te alicató con silicona el alma.

XCV

EL ORO DEL PERÚ

Aunque convaleciente todavía,
del eclipse de laca de Corrientes,
ya no llevo un cuchillo entre los dientes,
te echo menos de menos cada día.

Te debo aún, tiro porque me tocas
los cojones, dos tangos atorrantes;
de tu boca aprendí que sobran bocas
dispuestas a besar a los cantantes.

Te felicito por el sonajero,
qué lindo rima con *ya no te quiero*,
sos la Evita Pezón de la poesía.

A propósito, hablando de tesoro,
en el Perú las minas son de oro,
en tu vagina de bisutería.

XCVI

SIN ROMPER CRISTALES

Pasó por fin, se te cruzó un buen chico
(dime su gracia si te da la gana)
y rechacé el papel de indiano rico
mecenas del divorcio de tu hermana.

La noche que perdiste el miedo al miedo
fue tan corta que dura todavía,
por más que yo, maldito José Alfredo,
te diera más de lo que no tenía.

Me costará ¿qué quieres que te diga?
ser elegante sin romper cristales,
ahora que ni siquiera eres mi amiga.

No enseñan a olvidar las autoescuelas,
pero, hasta los feroces animales
lloran cuando los dejan a dos velas.

XCVII

DENTRO DE UN TIEMPITO

Lo peor es que, dentro de un tiempito,
cuando estrene *Dieguitos y Mafaldas*
en el Gran Rex, y vuelva borrachito
al hotel, no te harán de guardaespaldas

los lunares que cuente, mientras cuento
los dientes de una nueva cremallera,
ni será tan bostera la pollera
que levante María del tormento.

Lo peor es que, mal que a vos os pese,
seguiré siendo, si el pulmón aguanta,
zurdo como el gallego ese que canta,

hincha de Boca, de boca que bese,
del Boca que empataba los partidos
que daban nuestras bocas por perdidos.

XCVIII

ESTE YA

Este ya no camufla un hasta luego,
esta manga no esconde un quinto as,
este precinto no juega con fuego,
este ciego no mira para atrás.

Este notario avala lo que escribo,
estas vísperas son del que se fue,
ahórrate el acuse de recibo,
esta letra no la protestaré.

A este escándalo huérfano de padre
no voy a consentirle que taladre
un corazón falto de ajonjolí.

Este pez ya no muere por tu boca,
este loco se va con otra loca,
este masoca no llora por ti.

IC

MATAR LAS TARDES

Esta no es la embajada del reproche
ni el vademécum de lo que perdí,
para que llueva, para ser de noche,
es condición *sine qua non to be*

or not to be, como intuyó el bolero
calavera de un príncipe danés,
se equivoca la urgencia y el te quiero
que no vuelve la ausencia del revés.

Escribo sólo por matar las tardes,
por no ponerme a deshacer maletas,
por no arrastrarme por las estaciones,

por no andar, como el rey de los cobardes,
mustio, con un ramito de violetas,
en el sepelio de las decepciones.

AND LAST BUT NOT LEAST

C

DE CATORCE

Denle al lector recién desembarcado
sano en tal puerto el Nobel en agallas;
lo cierto es que esta playa me ha salvado
la vida que perdí en otras batallas.

Cuajé novillos, orillé la escuela,
defraudé tanto al santo sacramento
que, a punto de firmar la última esquela,
me sabe el paladar a testamento.

La carne se hizo verbo transitivo,
la semántica impúdica alambrada
que separa a Bill Gates del rey de Orce.

¿Mi lema? no me queman luego escribo,
mi tormento el acento y mi coartada
estos ciento volando de catorce.

ÍNDICE

Made in the USA
Columbia, SC
21 March 2025

55451067R00081